El tuerto es rey

Alfaguara es un sello editorial del Grupo Santillana
www.alfaguara.com.mx

Argentina
Av. Leandro N. Alem, 720
C 1001 AAP Buenos Aires
Tel. (54 114) 119 50 00
Fax (54 114) 912 74 40

Bolivia
Avda. Arce, 2333
La Paz
Tel. (591 2) 44 11 22
Fax (591 2) 44 22 08

Chile
Dr. Aníbal Ariztía, 1444
Providencia
Santiago de Chile
Tel. (56 2) 384 30 00
Fax (56 2) 384 30 60

Colombia
Calle 80, 10-23
Bogotá
Tel. (57 1) 635 12 00
Fax (57 1) 236 93 82

Costa Rica
La Uruca
Del Edificio de Aviación Civil 200 m al
Oeste
San José de Costa Rica
Tel. (506) 220 42 42 y 220 47 70
Fax (506) 220 13 20

Ecuador
Avda. Eloy Alfaro, 33-3470 y Avda. 6 de
Diciembre
Quito
Tel. (593 2) 244 66 56 y 244 21 54
Fax (593 2) 244 87 91

El Salvador
Siemens, 51
Zona Industrial Santa Elena
Antiguo Cuscatlan - La Libertad
Tel. (503) 2 505 89 y 2 289 89 20
Fax (503) 2 278 60 66

España
Torrelaguna, 60
28043 Madrid
Tel. (34 91) 744 90 60
Fax (34 91) 744 92 24

Estados Unidos
2105 N.W. 86th Avenue
Doral, F.L. 33122
Tel. (1 305) 591 95 22 y 591 22 32
Fax (1 305) 591 91 45

Guatemala
7a Avda. 11-11
Zona 9
Guatemala C.A.
Tel. (502) 24 29 43 00
Fax (502) 24 29 43 43

Honduras
Colonia Tepeyac Contigua a Banco
Cuscatlan
Boulevard Juan Pablo, frente al Templo
Adventista 7o Día, Casa 1626
Tegucigalpa
Tel. (504) 239 98 84

México
Avda. Río Mixcoac, 274
Colonia Acacias
03240 México D.F.
Tel. (52 5) 554 20 75 30
Fax (52 5) 556 01 10 67

Panamá
Avda. Juan Pablo II, no15. Apartado Postal
863199, zona 7. Urbanización Industrial
La Locería - Ciudad de Panamá
Tel. (507) 260 09 45

Paraguay
Avda. Venezuela, 276,
entre Mariscal López y España
Asunción
Tel./fax (595 21) 213 294 y 214 983

Perú
Avda. Primavera 2160
Surco
Lima 33
Tel. (51 1) 313 4000
Fax (51 1) 313 4001

Puerto Rico
Avda. Roosevelt, 1506
Guaynabo 00968
Puerto Rico
Tel. (1 787) 781 98 00
Fax (1 787) 782 61 49

República Dominicana
Juan Sánchez Ramírez, 9
Gazcue
Santo Domingo R.D.
Tel. (1809) 682 13 82 y 221 08 70
Fax (1809) 689 10 22

Uruguay
Constitución, 1889
11800 Montevideo
Tel. (598 2) 402 73 42 y 402 72 71
Fax (598 2) 401 51 86

Venezuela
Avda. Rómulo Gallegos
Edificio Zulia, 1o - Sector Monte Cristo
Boleita Norte
Caracas
Tel. (58 212) 235 30 33
Fax (58 212) 239 10 51

Carlos Fuentes

El tuerto es rey

ALFAGUARA M.R.

© Carlos Fuentes, 1970
© De esta edición:
   Santillana Ediciones Generales, S. A. de C. V., 2007
   Av. Río Mixcoac 274, COl. Acacias,
   México, D. F., C. P. 03240, México.
   Teléfono 5420 7530
   www.alfaguara.com.mx

Primera edición: noviembre de 2008
Primera reimpresión: mayo de 2012

ISBN: 978-970-58-0096-2

© Diseño de los forros de la colección: Leonel Sagahón
© Diseño de cubierta: Leonel Sagahón

Impreso en México

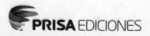

PRISA EDICIONES

Del fondo helado del arroyo aquel
vi levantarse un rostro que fue el
mío.
"He vuelto (dijo), esta es mi mano."
Se acordaba de todo: de cuando él y
yo aún no nos conocíamos y éramos
uno, absorto y sin historia: de
cuando lo perdí, cuando bajé los
ojos, cuando no quise ya ser su
guardián.

TOMÁS SEGOVIA, *Anagnórisis*

A María Casares

REPARTO

El tuerto es rey fue representada por primera vez, en versión francesa y con el título *Le borgne est roi*, en el Teatro An der Wien, de Viena, Austria, el 25 de mayo de 1970, dentro del marco del Festival Internacional de Teatro celebrado con motivo del Jubileo de Ludwig van Beethoven.

DONATA: María Casares
DUQUE: Sami Frei

DIRECCIÓN: Jorge Lavelli
TRAJES Y DECORADOS: Augusto Pace

ESCENA

Un salón Segundo Imperio, con algunos restos de elegancia, pero en su conjunto bastante venido a menos. Al fondo, arriba, una gran cama matrimonial. A la derecha de la cama, una enorme pila de periódicos y revistas. A la derecha centro, una puerta. Un tocador con luna vacía, armario viejo y grande, pequeña cómoda con múltiples cajones, una mecedora, un par de taburetes, una mesa de té sobre ruedas.

El mobiliario convencional reposa sobre una rampa en cuyo centro hay un círculo negro.

Una segunda rampa comunica el escenario con las plateas.

ACTO ÚNICO

Un hombre moreno corre el telón como si apartara las cortinas de una gran ventana. Una sola luz, de intensidad solar, ilumina su rostro y le obliga a guiñar los ojos y, a veces, a taparlos con el brazo libre. El hombre viste jacquet, pantalón a rayas, cuello de paloma y corbata de plastrón.

DUQUE

Atención.
(Pausa. Continúa corriendo el telón, lentamente.)
Anoche volví a soñar. Soñé lo mismo.
(Pausa. Se cubre los ojos con la mano.)
Es la historia de un escultor. Hace estatuas maravillosas. Pero no las vende. Las ama demasiado. Llena su taller de estatuas. No gana un centavo. Los acreedores se presentan y lo amenazan: debe vender algunas estatuas para pagarles. El escultor se niega. Las estatuas son su creación. Él les ha dado su vida. Entonces los acreedores dicen: el escultor debe creerse una estatua, puesto que para él no hay diferencia entre las estatuas y los hombres. Urden un proyecto sencillo y macabro. Obligan al escultor a verse en un espejo: le demuestran que es de carne y hueso. El escultor se mira en el espejo… Descubre que es humano y destruye las estatuas con los mismos cinceles que le sirvie-

ron para esculpirlas… y abandona para siempre su casa. No se vuelve a saber de él.

Al terminar de correr el telón, la intensidad de la luz disminuye y el salón aparece iluminado por la luz del día.
Al pie de la cama y de espaldas al público, una mujer sentada en una mecedora. El Duque alarga las manos hacia el público, en la actitud del ciego que busca su camino.
Sonido: bombardeo, llamas, aviones en picada.
La mano de la mujer truena los dedos.

DONATA

Aparecer… Duque, ¿estás ahí?… ¿Qué murmuras?

El Duque sigue al filo del escenario, dirigiéndose al público.

DUQUE

¿Saben ustedes que estatua quiere decir alegría, que planeta significa vagabundo y que universo es sinónimo de adorno? A que no, ¿eh?

La mujer continúa meciéndose.

DONATA

Es inútil, Duque. Nunca nos pondremos de acuerdo. Además, ya me cansé.

DUQUE

La señora desconoce las raíces.

DONATA

La casa es demasiado estrecha y el tiempo es demasiado breve para jugar al juego de la torre. Bla, bla, bla...

El Duque duda, implora al público.

DUQUE

¿Jugamos a cuidarnos?

DONATA

Ésa es otra discusión interminable. Y tú eres un tramposo.

El Duque sonríe al público.

DUQUE

Ustedes me dicen tú. Pero tú no quiere decir nada. Tú es como una camisa vieja arrojada al lado del camino. El primero que pasa puede ponérsela.

DONATA

Sí, pero soy yo la que te dice tú. Ésa es la diferencia.

El Duque da la espalda al público. Avanza hacia arriba y, apenas lo hace, pierde toda dignidad: camina a tientas, tropezando, hasta llegar al lado de Donata.
Se inclina, inquiriendo, junto a la cabeza de la mujer.

DUQUE

¿Señora... Donata?

DONATA

Yo siempre soy yo. No tengo necesidad de representar.

DUQUE

¿Donata?

DONATA

Tú no eres nadie porque yo puedo decirle tú a cualquiera. Ahí tienes. Cerrado el juego de los pronombres.

El Duque vuelve a dirigirse, obsequioso, implorante al público.

DUQUE

Podemos jugar a los sueños.

DONATA

No. Eres incapaz de contarme los tuyos.

DUQUE

Pero señora, lo interesante es que mi sueño no es mío. Ése es el chiste, ¿no se da cuenta?, el chiste es que yo sueño un sueño ajeno.

DONATA

Ya lo sé. El sueño sólo te atraviesa. ¿No ha escrito mi marido?

DUQUE

Yo soy su conducto.

DONATA

¿Ni siquiera una tarjeta postal?

DUQUE

Su marido fue a Las Vegas en viaje de negocios. ¿La señora pretende que sus sueños son sólo de ella? ¿De su exclusiva propiedad?

DONATA

Te estoy dirigiendo la palabra.

DUQUE

Nos lo dijo antes de salir. "Voy a probar mi suerte durante una semana en el casino." No tiene por qué escribirnos repitiendo lo que ya…

DONATA, *interrumpe*

Exactamente. Cada vez que sueño, invento algo nuevo, algo que sólo a mí se me ocurre soñar.

(Deja de mecerse.)

En cambio, tu sueño es una cárcel que gira sobre sí misma. El sueño es un presidiario.

DUQUE, *lejano*

Es siempre el mismo.

DONATA

¿Sabes lo que es el infierno? Una eterna repetición sin esperanza. No tiene sentido. Igual que tu sueño.

DUQUE

La señora se equivoca. El sentido es que el sueño de la señora se convierta en mi sueño y mi sueño en el de la señora.

Donata levanta las manos encima de la cabeza, con los dedos en cruz.

DONATA

¡Dios Nuestro Señor nos libre!

El Duque ríe y pega con el puño sobre la cómoda.

DUQUE

No, no; simplemente, lo que usted sueña sería un poco menos suyo, mientras que lo que yo sueño sería completamente suyo. ¿Ve usted? En realidad le estoy ofreciendo un paraíso… su paraíso. Yo saldría perdiendo.

DONATA

¿Qué ganarías con perder?

DUQUE

Conocer el sentido de lo que sueño si mi sueño pasa a formar parte del sueño de usted. Vale la pena, ¿no le parece?

Donata se incorpora. Melena de paje. Cejas depiladas y repintadas con una finísima raya. Un traje de mil novecientos treinta: largo, escotado, oscuro, con holanes de gasa en el cuello y sobre el busto. Una piel de zorro sobre los hombros. Un bastón blanco está apoyado contra la mecedora. Donata lo toma y se detiene con un aire majestuoso.

DONATA

Quieres encerrarme en tu sueño. Yo soñaré siempre lo mismo y tú podrás soñar cosas distintas cada noche. Me niego. Tramposo. Ni creas que me engañan tus mentiras. Mi sueño es sólo *mío*, ¿me entiendes? Mi sueño no es tuyo. Mi sueño no lo comparto con *nadie*.
(Avanza. El Duque está ubicado en el círculo negro de la rampa. Donata se detiene. Mueve la cabeza con desconfianza. Hace un esfuerzo. Fracasa. Se rinde.)
A ver. Repítelo.

DUQUE

¿Qué?

DONATA

Eso que dices soñar todas las noches.

DUQUE

Es la historia de un escultor.

El Duque sale del círculo. Donata da la espalda al Duque.

DONATA

¿Qué te dije? Llevas cinco días repitiendo lo mismo.

DUQUE

Le obligan a verse en un espejo.

DONATA

Ya me aburriste. Y tu deber es divertirme.

DUQUE

Le demuestran que es de carne y hueso.

DONATA

¿Estás seguro de que esta vez no ha escrito mi marido?

DUQUE

Destruye las estatuas.

DONATA

Antes siempre mandaba recados…

DUQUE

Abandona para siempre su casa…

DONATA

¿Y luego?

DUQUE

Nada más. Huye. No se vuelve a saber de él.

DONATA

Cuando yo lo soñé era mucho más divertido.

DUQUE

¿Usted… señora… Donata?

DONATA

Si sueño algo distinto cada noche, alguna vez había de soñar tu maldito sueño de las estatuas. Nada más faltaba.

DUQUE

¿Y qué pasaba?

DONATA, *entre burlona y sadista*

No te diré. Quédate con la curiosidad.

Silencio total.
El Duque se detiene rígidamente.
Un ligero rumor de papel frotado. Donata también se detiene, como si escuchara. El Duque camina a tientas hasta el filo del escenario. Se hinca. Donata también avanza hacia el proscenio, con sumo sigilo, con cautela exagerada, con el bastón blanco empuñado. El Duque encuentra algo. Lo levanta del piso. Actúa como si tuviera un sobre entre las manos. Se pone de pie, esconde el sobre llevándose la mano a la espalda. Donata inquiere en silencio. Sigue avanzando. El Duque la evita. Prosigue la mímica de Donata sospechosa, buscando al Duque, y éste evitando el encuentro corporal con la señora. Nunca se dirigen la mirada. El Duque retrocede lentamente hacia la cama.

DONATA

¿No ha escrito mi marido?

El Duque está junto a la cama. Abre en silencio el sobre imaginario.

DUQUE

No. Usted sabe que cuando sale en viaje de negocios nunca escribe.

Introduce los dedos en el sobre. Resignación.

DONATA, *desanimada*

Cuando fue a la guerra, entonces sí… me escribía todos los días, sin falta.
(*El Duque vacía el contenido del sobre en la cama.*)
Entonces necesitaba escribirme. Eran cartas muy hermosas. En ellas me daba todo. Quizá porque lo necesitaba todo. Me nombraba las cosas… todas las cosas.

El Duque arroja el sobre entre la pila de periódicos al lado de la cama.

DUQUE

Ahora todo está escrito. No espere usted más cartas.

DONATA, *fría*

Yo no. ¿Y tú?

El Duque se encoge de hombros.
Sonido: avispas.

DONATA, *nerviosa*

Cierra la ventana.

DUQUE

¿La señora tiene frío?

DONATA

No. Es el zumbido de esas avispas en el jardín. Me pone nerviosa.
(El Duque se dirige al proscenio. Husmea en dirección del público.)
Es la primavera negra.

DUQUE, *husmeando*

Me pareció oler algo.

DONATA

Algo nuevo, ¿verdad?

DUQUE

No. Perdóneme. El mismo olor de siempre.

DONATA

¿De siempre? Se dice aprisa. ¿Desde cuándo siempre?

DUQUE

¿O siempre desde cuándo?

DONATA

Cuándo siempre.

DUQUE

Siempre no admite cuándo.

DONATA

¿Qué?

DUQUE

Si hay cuándo deja de haber siempre. Tenemos que escoger.

DONATA

Siempre y cuándo.

DUQUE

Desde que el marido de la señora se fue, hace seis días.

DONATA

Lleva bien las cuentas. Se fue hace cinco días. Es importante que no te equivoques.

DUQUE

Le aseguro que el señor partió hace seis días. He ido marcando las fechas en el calendario.

DONATA

Como un preso, ¿no? ¿Esperando que yo te libere?

DUQUE

Si estoy aquí es por mi gusto. Sé lo esencial que es llevar el tiempo y le aseguro que no me equivoco.

DONATA

Pues yo sólo recuerdo cinco días exactos y la intuición femenina nunca falla. ¿Me vas a decir que puedo olvidar en ciento treinta y cuatro horas la última vez que besé a mi marido y olí el aroma de lavanda en su pelo y bailamos juntos un tango en este salón?

(Pausa.)

Y tú espiándonos desde la cocina, ¿eh?, no lo niegues, tú envidiándonos…

DUQUE

Le aseguro que soy un testigo involuntario.

DONATA

¡¿Involuntario?!

DUQUE

El lugar es muy estrecho y los ruidos traspasan las paredes. Debe admitir que se despidió de su marido de una manera particularmente estruendosa, como si su propósito fuese que yo me diera cuenta…

DONATA

¿Y cuándo escuchaste todos esos ruidos de despedida?

DUQUE

En efecto. Hace cinco días.

DONATA

Ah…

DUQUE

Pero sostengo que el señor se fue hace seis días.

DONATA

Lo viste salir, sin duda.

DUQUE

Usted sabe que en la cocina estoy atenido a lo que oigo.

DONATA

Ah… Oír sí sabes… ¿Y qué tal hueles?

DUQUE

Señora…

DONATA

¿Qué olores te llegan desde el jardín?

DUQUE

Los mismos de siempre. Humo de hojarasca. Estiércol en llamas. Bruma estancada. Si es que la bruma se estanca y tiene olor. No lo sé. Un aroma inconfundible. La pelambre húmeda de un lobo. Es todo.

El Duque empieza a reunir el servicio de té.

DONATA

Te engañas, Duque. Si pusieras atención te darías cuenta de que el peral tiene brotes. Quiere decir que la savia está fluyendo otra vez. Todo se siente autorizado a crecer. Las ramas reverdecen. ¿Recuerdas? Los castaños…
(Pausa. Se acomoda el zorro sobre los hombros.)
Además, ha dejado de llover. No puede haber un animal mojado en los alrededores. Eso ya pasó. Pero tú no pones atención.

El Duque avanza con la mesita sobre ruedas.

DUQUE

Mi deber no es atender lo que sucede afuera.

Donata llega, guiándose con el bastón, a una de las sillas y toma asiento.

DONATA

Entonces, ¿cuál será? Contesta rápido…

DUQUE

La señora hace mal en ofenderse. Cada uno cumple su parte del trato. Nada más.

El Duque sirve té. Dificultad de Donata para tomar las cosas.

DONATA

Te repito que tu deber es prestar una atención minuciosa a lo que sucede adentro, afuera, arriba y abajo. Para eso se te paga. Te damos quinientos euros, techo y comida a cambio de una sola cosa: tu absoluta atención.

DUQUE

La señora interpreta las reglas a su antojo. *(Camina hacia el filo del escenario, abajo.)* La señora sabe bien que mi obligación es cuidarla… impedir… asegurar… En fin… No hay razón para abdicar a los horarios establecidos y a las consabidas costumbres.

DONATA

Eso me dije. Eso mismo me dije esta mañana, cuando me di cuenta de que la primavera se nos había venido encima. La vida debe seguir su curso normal. Repite.

El Duque hace la mímica de los actos que enuncia, mientras Donata tararea un vals.

DUQUE

Debo despertar a la señora a las ocho. Desayuno a las ocho y media. Labor hasta el mediodía. Música de doce a una. En seguida, almuerzo. Café frente al huerto. Una ligera siesta. Más labor en la tarde. Té a las cinco.

DONATA

Y la carta llega a la misma hora.

DUQUE

Conversación hasta las seis.

DONATA

Permanecer en un solo lugar…

DUQUE

De seis a ocho, quedo libre y la señora puede reflexionar.

DONATA

…o ser una eterna peregrina.

DUQUE

A las ocho me reincorporo. Cena a las nueve y tempranito a la cama.

Donata aplaude.

DONATA

Perfecto. Perfecto, Duque. Me llenas de admiración. Te digo que eres el empleado ideal.

DUQUE

Uno se adapta a los cambios de estación, puesto que los cambios de estación no se adaptan a uno.

DONATA

No tenía por qué comentar la novedad contigo…

DUQUE

La señora me distingue igualmente con su silencio y con su plática. ¿Quién soy yo?…

DONATA

Me pareció una legítima coquetería guardarme lo que sabía.

DUQUE

Quiso usted gozar a solas ese perfume de flores nuevas y tierra removida por siembras y capullos igualmente prematuros…

DONATA

Entonces es cierto. ¡Es cierto!

DUQUE

Si desea creerlo, puedo decirle que en unos cuantos días se disiparán las brumas, se apagarán los fuegos, los lobos no buscarán aquí su alimento y el aire del sur barrerá la hojarasca humeante…

DONATA

Eres un campesino bien simple. Sería fácil confundirte. Podría cambiar a mi antojo los horarios e imponer los del verano en pleno mes de enero y los del invierno cualquier día de agosto.

DUQUE

La señora hace de mí lo que quiere. Ella nombra las cosas de acuerdo con sus deseos. Y los deseos de la señora son los míos. ¿Puedo retirar el servicio de té?

DONATA

No. Déjame saborear los fondos.

El Duque se detiene en el círculo negro.

DUQUE

¿Puedo salir al jardín?

DONATA, *cascabeleando la taza de té contra el platillo*

De ninguna manera. ¿Quieres que nos vean?

El Duque avanza hacia el proscenio.

DUQUE

Nadie puede vernos. La noche está muy oscura. Nadie creería que he regresado. Me confundirían con ese árbol.
(Indica hacia el público con la mano.)
Nuestro peral.
(Guiña los ojos hacia el público e intenta apartar unas ramas con las manos.)
No se puede ver nada… Malditas zarzamoras.

DONATA

¿Por qué? Forman una verja muy hermosa y además muy segura.

DUQUE

La señora no se ha dado cuenta. Han crecido demasiado.

DONATA

Arráncalas.

DUQUE

Las raíces deben extenderse varios metros bajo tierra.

DONATA

Córtalas.

DUQUE

Cortarlas es cortarse.

DONATA

Espera. ¿No oyes los trinos? Han regresado. ¿No los oyes? Debes estar sordo. Duque… Los pájaros… Escucha…

Ligera modulación de piano. El Duque abre de par en par las ventanas del salón. Un escándalo de vidrios rotos que se recomponen, como si el momento de la ruptura hubiese sido grabado en una cinta magnética que ahora, en reversa, lo reconstruye. Donata se lleva las manos a los oídos.

DONATA

¡Cierra las ventanas!
(El Duque cierra. Silencio. Luego, un goteo persistente. Lo escuchan un segundo.)
¿No oyes? Debe ser una gotera en el techo. Qué descuidados son aquí.

DUQUE

La señora permitirá que la corrija. Qué descuidados somos.

DONATA

¿Insistes?

DUQUE

Es la verdad. En la casa sólo quedamos usted y yo.

DONATA

No. El portero.

DUQUE

La señora me autorizó a correrlo.

DONATA

¿Yo?

DUQUE

Recordará que el portero era demasiado... corruptible.

DONATA

¡Bah! Un contrabando de vez en cuando.

DUQUE

Lo lamento. El marido de la señora se enteró. Y la señora, como una prueba de obediencia y amor, dio órdenes de que se despidiese al portero.

(Pausa.)

Yo sólo cumplí.

DONATA

En ese caso, el jardinero es el responsable.

DUQUE

¿De qué, señora?

DONATA

Debería cuidar, no sé, todo el aspecto exterior de la casa, no sólo cortar las ramas secas y la mala hierba. No contamos con tanta gente; bien podría tener la delicadeza de revisar los techos; en julio vendrán las tormentas y podemos amanecer a la intemperie. Córrelo; es un holgazán.

DUQUE

La señora recordará que durante la tempestad de octubre dijo exactamente las mismas palabras. El jardinero fue despedido entonces.

DONATA

¿El jardinero fue...? Nuestro jardinero... Nuestro... ¿Cómo quieres que lo recuerde todo?

DUQUE

Para eso estoy aquí. Para ocuparme de la señora. Incluso de su memoria.

DONATA

Olvidas que somos nosotros los que te recordamos.

(Pausa.)

Cuando todos se habían olvidado de ti, te recordamos y te trajimos a esta casa. Nos hicimos cargo de ti. No lo olvides, cuando hablas de mala memoria.

DUQUE

Su charla es muy agradable, pero yo tengo mis obligaciones.

Donata mueve la cabeza, alarmada.

DONATA

No… espera… ¿Dónde estás?… Duque…

DUQUE

Debo preparar las cosas para la cena.

Alivio de Donata.

DONATA

¿Dónde aprendiste a cocinar tan bien?

DUQUE

En mi país. La señora dice que soy un campesino. Su intención no es elogiosa. Pero gracias a ello —la señora me perdonará el lugar común— estoy más cerca de algunas cosas fundamentales que nuestra… civilización… tiende a olvidar.

DONATA

Tragar bien, ¿eh?

DUQUE

Yantar, si lo prefiere. El caso es que soy recordado por mi habilidad en la cocina,

por haber inventado ciertos platos y por
haber introducido ciertas plantas.

DONATA

Podrías suplantar al jardinero.

DUQUE

Podría, sí. Pero hoy mis obligaciones son
otras.

DONATA

Creo que hoy no cenaré. Llévame de una
vez a la cama.

DUQUE

Tengo que arreglarla.

DONATA

¿Qué pasa? ¿Por qué no está lista?

DUQUE

Amaneció cubierta de tierra.

DONATA

¿Mi linda cama? ¿Cubierta de…?

DUQUE

Así es.

DONATA

¿Mi linda cama con cuatro postes y res-
paldo de marquetería?

DUQUE

Exactamente.

DONATA

¿Mi real cama comprada en una tienda
exclusiva?

DUQUE

Basta sacudirla un poco.

DONATA

¿Mi virginal lecho de bodas?

(El Duque se ocupa de reunir platos, lavar-los, etc.)

Anoche tampoco pude dormir, Duque.

DUQUE

La señora tendrá que acostumbrarse.

DONATA

¿Sabes lo que sentí?

DUQUE

Que el techo descendía lentamente hasta sofocarla…

El Duque camina hasta el armario, extrae un lobo muerto y lo arrastra al centro del escenario.

DONATA

No, eso fue anteayer. Anoche sentí que la cama no tenía la misma temperatura que el resto de la casa.
(El Duque toma un cuchillo de cocina y comienza a destripar al lobo.)
¿Me entiendes? La cama era más fría o más caliente, no sé…

DUQUE

Un lobo pasó el día echado en la cama. Es natural. La señora recordará que anteanoche se moría de frío y me pidió que calentara la cama. El lobo entró del huerto y encontró la solución. ¿No escuchó usted los aullidos? Además, la cama estaba demasiado cerca de la ventana. Se colaba el viento. La he cambiado de lugar.

Donata se incorpora.

DONATA

No basta. Hagas lo que hagas, no podré
dormir. Antes, gracias al alcohol, soñaba
con los ángeles. Ten compasión. Consí-
gueme un seconal aunque sea.

DUQUE

El seconal tampoco le servirá y entonces el
organismo reclamará con más fuerza el
alcohol y como el alcohol tampoco le servirá pedirá usted otro seconal. La señora se
destruye a sí misma en círculos. Droga,
alcohol, alcohol, droga... El vicio es la
corrupción del deseo de la señora.

El Duque se enjuaga y seca las manos.

DONATA

Falso; el vicio es hacer lo que no se desea.
Y yo deseo beber. Y yo deseo dormir.

DUQUE

La señora no ignora que su marido dejó
órdenes estrictas. Ningún exceso.

*Donata arroja el zorro que lleva sobre los hombros
al piso con un movimiento de cólera.*

DONATA

¡Pero es que dejar de beber es un exceso!
(Extiende los brazos y agita los dedos.)
Llévame al tocador. Pronto. Siéntame
frente al espejo.

El Duque deja de trabajar.

DUQUE

La señora sabe perfectamente…

DONATA

No, no sé nada; llévame; te lo ordeno.

*El Duque ofrece el brazo a Donata, toma aire, hincha
el pecho y cuelga un poco la cabeza, como en deferen-
cia. Los campanazos de las seis de la tarde los obligan
a marcar un paso majestuoso, casi nupcial, casi cor-
tesano. Mientras avanzan hacia el tocador, tropiezan
con un taburete. Donata se desprende con parsimonia
del brazo del Duque. El Duque taconea y se inclina.
Donata se sienta frente al marco sin espejo y cumple
los gestos de quien abre una botella de perfume.*

DONATA

¿Sabes? Creo que me he estado engañando.
Creo que puedo repetirlo. Creo que puedo
volver a…

DUQUE

Si en algo puedo servirla…

DONATA

Mantente allí, detrás de mí, en servicio
mío.
(El Duque inclina la cabeza.)
Alcánzame los pinceles.
(El Duque le ofrece un pincel imaginario.)
Gracias.
(Donata se pinta una ceja.)
A ver, a ver… Tanto tiempo… Dime si
está bien el arco…

DUQUE
   Puedo imaginarlo perfectamente.

El Duque se aleja. Donata prosigue su arreglo.

DONATA
   Y Duque…
DUQUE, *ensimismado.*
   ¿Sí?
DONATA, *dominante y alegre*
   Dime cuál color de labios prefieres…

El Duque se tapa los ojos con la mano.

DUQUE
   No alcanzo a distinguir desde acá.
DONATA, *impaciente*
   De memoria, de memoria…

El Duque deja caer la mano, regresa lentamente a Donata.

DUQUE, *cansado*
   El magenta.
DONATA
   Ven. Friégame los brazos y la espalda.

El Duque posa las manos sobre los hombros de Donata.

DUQUE
   Las órdenes de la señora son mis deseos.
   (Acaricia lentamente los hombros de la mujer.)

DONATA

Duque. Voy a descender de nuevo por esa gran escalera.

(Donata se incorpora y habla actuando la acción que describe.)

Los velos de la falda se van a agitar con un ligerísimo impulso de mi mano escondida entre los pliegues. Mi rostro aparecerá y desaparecerá detrás del juego del abanico. La escalerilla será larguísima y las mujeres habremos reconquistado todos nuestros derechos: ocultarnos para ser vistas, ofrecernos para negarnos, soñarnos para ser soñadas... Los velos y las diademas, los guantes y las plumas, las tafetas y el armiño, la ropa interior laboriosa, lenta, aplazada, de encaje y lazo. La bella música y las parejas bailarán en cuadrillas sobre la pista de ajedrez. Todo girará velozmente. Pero cuando yo aparezca en lo alto de la escalera, el mundo se detendrá.

(Pausa.)

Soy vista, Duque.

(Pausa.)

Soy vista. Soy mostrada.

Donata extiende la mano y el Duque la toma. La acción continúa mientras Donata habla: el Duque se inclina y besa la mano ofrecida que, al moverse Donata, huye de los labios del Duque para cumplir una parábola airosa de desafío y entrega. Se escucha un vals vienés y el Duque toma a Donata de la cintura. Los dos giran.

DONATA

Soy admirada. Soy la belleza que todos se detienen a mirar. La esperada. La desesperada. Mi aparición es tan brillante que algunos creen ver la locura en mis ojos. Mi presencia es tan imprevista que algunos dicen recordar su anuncio. Mi revelación es tan inolvidable que algunos aseguran que no estuve allí.

(Bailan.)

Fue mi llegada en medio de fanfarrias y redobles de tambor y arcos triunfales. Pisé la tierra extraña para hacerla mía y hasta mis enemigos gritaron vivas y lloraron. Yo fui la memoria y el presentimiento de todos, sólo esa vez.

(El vals empieza a fundirse con un sonido de enchufes defectuosos.)

Dame la mano. Tú serás mi rey y mi siervo esta noche. Apuntaré tu nombre diez veces en mi carnet. Te prometo todos los valses.

El chillido de un lobezno herido. Donata y el Duque tropiezan contra la silla, contra los taburetes, los pies se les enredan entre los bastones arrojados al piso y los dos caen abrazados, de bruces; el Duque gime y retiene a Donata; ella se zafa, rueda, queda bocabajo en la oscuridad creciente del salón, anunciada por una sirena de nieblas, una bocina portuaria lenta, larga, espectral. Donata jadea. El Duque tose.

DONATA

Fue un tiempo espléndido y enervante, como todo cambio de estación y de país. El castillo, entonces, parecía una cascada de metal. Hoy lo recuerdo petrificado y geométrico. Demasiado lógico para ser admirado. Demasiado razonable para ser convincente.

DUQUE

La señora sabe que el orden anuncia el horror.

DONATA

La señora sólo sabe que esa noche fue admirada por todos.

El Duque, de rodillas, se sacude el polvo.

DUQUE

Hay mujeres que son admiradas en público y otras que sólo merecen su premio en privado. Creo...

DONATA

Yo tuve las dos recompensas. Ése fue mi exceso. Ahora ponte de pie. Arregla mi lecho.

El Duque se incorpora lentamente.

DUQUE

Me atrevería a añadir que el premio es el castigo. La señora, en otras circunstancias, habría terminado en un trágico esplendor. Como están las cosas, sólo le queda la sensualidad de la nostalgia.

DONATA

No, Duque. Me vencieron la seguridad y la euforia. No es mucho. Si esa noche me siento insegura, bailo con todos los hombres que estaban allí. Me di el lujo de escoger a uno solo. El primero que vi. Escogido por el azar. Porque era el que más se parecía a lo que yo buscaba. Carecí de malicia. No dudé. No imaginé. Creí que el placer era idéntico al destino. La historia se burló de mí y me demostró que cuando se cree que el placer iguala al destino el precio del placer es la locura. Y la locura es el destino sin destino.

DUQUE

Tiene que recordar.

DONATA

No, ya sabes que no puedo, por más que trato, por más que…

DUQUE

Tenemos que saber lo que pasó, para que no se repita…

Donata se arrastra, alargando los brazos, hacia el Duque.

DONATA

¡Te digo que no puedo! Sólo recuerdo que él era idéntico al palacio, a la luz, a la música, a mí, a mi juventud, a mi belleza, a mi vestido… a mi seguridad. Eso lo sé.

DUQUE

Eso imagina.

DONATA

Lo que yo imagino es….

DUQUE

La señora es pródiga en asociaciones.

DONATA

Tan pródiga como tú eres tacaño. No me podré levantar sin algo que me reanime.

DUQUE

La señora está borracha de recuerdos incompletos. Si quiere, recuéstese un rato y duerma.

DONATA

¿Para qué? Ya estoy acostada.

DUQUE

En la cama. El suelo es frío. Venga…

DONATA

Y la noche interminable y la memoria huidiza y tu curiosidad grosera.

DUQUE

He renunciado a que continúe su historia.

DONATA

Sí, porque quieres que yo te pida que inicies la tuya.

DUQUE

En vez de fabricar dudosas paradojas, haría bien en pensar en su reumatismo.

DONATA

Tienes razón. Eres el pretendiente ideal para la vejez.

(Se incorpora con ayuda del Duque.)

DUQUE

Para prepararse a la vejez. No sea tan pesimista o tan precipitada.

DONATA

¿Me encuentras bella aún?

DUQUE

No la conocí… antes. No poseo un punto de comparación.

DONATA

¿No huelo bonito? ¿No te agrada mi voz? Guíame a la mecedora.

(*El Duque lo hace.*)

Luego encuentra mi labor. Pasaré la noche en vela, trabajando. Mis manos son mejor compañía que tú. Trabajaré y pensaré. Pensar sí me permites, ¿no?… Pienso una copa de vino. Pienso que me emborracho. Pienso que soy libre.

(*Se deja caer en la mecedora y cierra los ojos.*)

DUQUE

La señora sólo piensa que piensa. En realidad, la señora es pensada.

DONATA

Hablo.

DUQUE

La señora es hablada.

DONATA

¿De dónde sacaste esas tonterías?

DUQUE

Así. Las soñé.

DONATA

Pues yo te digo que sólo eres soñado. Obedece. Encuentra mi labor. Debo terminarla antes de que mi marido regrese.

(*El Duque empieza a buscar.*)

Ja. Puedo pensar libremente que tú te has ido… pienso que salgo al campo que nos rodea… a la primavera que ha llegado antes de tiempo… tú te marchas y la luz llega…

DUQUE

La señora siente la fascinación del vacío.

DONATA

Silencio. Lo pienso porque soy libre. Tú regresas y la luz se marcha… ¿Por qué demonios esta oscuridad? Basta de juegos. Te ordeno que prendas las luces.

El Duque encuentra el pequeño telar.

DUQUE

Olvida usted que la corriente está cortada. *(Entrega el telar a Donata. Ésta empieza a tejer.)*

DONATA

¿Ah, sí? ¿Se puede saber el motivo?

DUQUE

Simplemente, por falta de pago. El representante de la compañía de luz pasó esta mañana a advertirme.

DONATA

¿Qué? ¿Habló contigo?

DUQUE

No. Introdujo un mensaje por debajo de la puerta.

DONATA

¿Entonces no era la carta que esperabas?

DUQUE

La señora supone que yo espero una carta.
No es cierto. Usted lo ha soñado.

DONATA

¿Y esos sobres que pasan por la rendija,
todos los días a las cinco de la tarde? ¿Crees
que no escucho eso?

DUQUE

Son más avisos. Nos cortan el agua. El le-
chero anuncia que no depositará más botellas en el umbral. El carnicero quiere que
se le liquide.

DONATA

¿Por qué? ¿Mi marido no dejó dinero?

DUQUE

Su marido está en el casino en Las Vegas.
Por algo será.

DONATA

¿Qué es lo que me sirves de comer?

DUQUE

Sea discreta. Más vale no averiguarlo.

DONATA

¿Por qué nos tratan como criminales? ¿Por
qué no nos tienen confianza? Todos
saben que mi marido es un hombre honorable que ha trabajado toda su vida
para que nada nos falte. Siempre hemos
pagado antes…

(Pausa.)

Y ahora basta un pequeño retardo para
que nos traten como…

DUQUE

Criminales. Sí. La señora lo ha dicho.

DONATA

¿Y no has protestado? ¿No les has explicado que mi marido regresa el domingo y les pagará debidamente? ¿Qué esperas? ¿Que empeñe mis joyas? ¿No eres capaz de regañarlos por su grosería? ¿Para qué estás aquí?
(*Pausa.*)
Bah. A veces creo que no estás aquí, que hablo a solas…

Suenan siete pitazos de sirena de niebla.

DUQUE

Señora, son las siete.

DONATA

La hora del aperitivo.

DUQUE

Su esposo dejó claramente establecido que de seis a ocho tengo derecho a retirarme. Llevo una hora de retraso.

DONATA

Gran momento para el copetín, te digo. No te hagas el interesante.

DUQUE

Usted sabe que no hay alcohol en la casa.

DONATA

¿Y el vino ése que tienes escondido? ¿Eh?
(*Pausa.*)
Tacaño miserable.

DUQUE

La señora ha dicho la última palabra.
(*El Duque recoge el bastón blanco, toma un bombín y se dirige a la ventana-proscenio.*)
Buenas tardes.

(Está a punto de salir, directamente hacia el público. Donata toma su propio bastón y se pone de pie, con un brazo extendido, suplicando.)

DONATA

Duque… Duque, no, no te vayas. Óyeme. Si tienes una hora libre, ¿qué más te da? Podemos tomar una copita juntos, ¿no? Como si yo fuera una amiga o una desconocida, da igual. Hola. Qué tal. ¡Que milagro!
(Llega hasta el Duque. Duda un instante.)
Estás fuera de tus horas de servicio.
(Se decide a tocar, tímidamente, la mano del Duque.)
Mi marido no puede echarte en cara…
(Coloca la mano sobre el hombro del Duque.)
"Dad de beber al sediento." Viene en el periódico.
(El Duque se aparta rígidamente. La mano de Donata permanece en el aire.)
Duque… ¿sí?

DUQUE

La señora ha tenido placeres de sobra en su vida. Ahora debe guardar compostura. Por respeto a sí misma y a los demás.

Donata deja caer el brazo.

DONATA

Está bien, no me convides nada. Tu conciencia se encargará de reprochártelo.
(Pausa.)

Pero quédate aquí.
(Adelanta los brazos, los deja caer de nuevo.)
Además, ¿a dónde vas a ir a esta hora?

El Duque se pone el bombín.

DUQUE
Trate de recordar que hay una vida fuera de estas cuatro paredes.

DONATA
¿Quieres decir que recoges a una costurerita a la salida de un almacén? ¿Que la llevas al cine? ¿Que luego te acuestas con ella?

DUQUE
Señora…

Donata lo toma violentamente del brazo.

DONATA
¿Qué películas has visto últimamente, lacayo? Lástima que los museos estén cerrados a esta hora; pero hay tantas otras cosas que ver; te puedes sentar en un café y ver pasar a los jóvenes y envidiarlos, ¿no es cierto?… como nos envidias a mi marido y a mí cuando hacemos el amor.
(El Duque se zafa.)
Allí está la diferencia. Tú no tienes testigos cuando te acuestas con alguien. Te consumes, helado, ausente, con una desconocida en una recámara putañera de un barrio cualquiera, no lo niegues, dándole

amor a una mujer indiferente a ti, a la que debes pagarle para que te quiera.

DUQUE

Trabajo para vivir.

DONATA

¿Alguna vez has seducido a una mujer, eunuco, alguna vez has temido que un esposo iracundo llegue y te sorprenda, como en los viejos sainetes, eh?

DUQUE

No espero recompensa.

DONATA

¿Alguien te ha querido por tu bella cara? ¿Alguna vez? ¿Eh? ¿Alguien te ha querido a pesar de tu olor a cocina, a pesar de esos sudores que delatan tu baja ocupación, siempre al servicio de los demás?

DUQUE

Quisiera dividirme en tres para atender a la señora como ella se lo merece.

DONATA

¿Como atiendes a tu costurerita? ¿Con la que te acuestas los domingos?

DUQUE

La señorita Marina tiene un nombre.

DONATA

No me importa su nombre. Me importa saber si la cuidas y la vigilas como a mí… ¿con la misma atención?

DUQUE

La señorita Marina sabe cuidarse a sí misma.

DONATA

Y yo no, ¿verdad? ¿Yo no podría dar un paso sin ti?

DUQUE

La conveniencia es mutua. La señora me necesita y yo necesito a la señora.

DONATA

Adulador. Tú necesitas quinientos euros, techo y comida…

DUQUE

La señora no tiene por qué rebajar la dignidad de un trabajo honrado. La jerarquía es insulto suficiente.

DONATA

¿La jerarquía?

DUQUE

La solidaridad traicionada.

DONATA

Eres tú el que traiciona todas las palabras que pronuncia. Mira que hablar de trabajo. Tú eres pasivo. No estás aquí para hacer algo, sino para impedir algo. Tú eres la prohibición igual a la oscuridad igual a la muerte. Nunca dices sí a nada, todo es no no no…

DUQUE

La señora se equivoca y contradice. En este mundo todo es afirmación. Decir no es decir sí a la negación que la señora me atribuye.

DONATA

No te atribuyo nada. Te oigo. Te huelo.

DUQUE

Prefiero pensar que soy la suma de las atribuladas atribuciones de la señora.

DONATA

Débil. Pusilánime. No te atreves a existir por tu cuenta. Estoy segura que de hasta en brazos de tu señorita Marina estás imaginando que cumples nuestras órdenes, que hasta tu placer tu pecado tu indecencia son nuestros deseos… Eres realmente un criado.

DUQUE

Creo, simplemente, que usted y su marido me reconocerán algún día.

DONATA

¿Reconocerte? ¿De qué demonios hablas?

DUQUE

Del demonio de la similitud, señora.

DONATA

¿Te atreves a decir que somos semejantes? Estamos juntos, nada más, encerrados aquí por necesidad. Eso no nos hace iguales. No lo andes creyendo, esclavo.

(Donata asalta al Duque, le arranca el jacquet. El hombre sólo tiene debajo una pechera dura y una camiseta sin mangas, como un payaso.)

Tú estás aquí para una precisa pasividad que cualquier otro sirviente podría encarnar. A ver. Te ordeno que me sirvas una copa.

DUQUE

Yo estoy aquí para impedir que la señora beba.

DONATA

"Yo estoy aquí para impedir…" Imbécil. La señora nunca ha bebido. La señora se ha emborrachado. A la señora le gusta

mamar, curarse, ponerse bien peda, aga-
rrar un cuete, jumarse, estar con la mona
viva. ¡A la señora le encanta la guarapeta!

DUQUE

No espero recompensa.

DONATA

Hipócrita. Mientras tú te emborrachas a escondidas. Una borrachera vergonzante, sin
grandeza, sin fantasía, en silencio, a solas…

DUQUE

Trabajo para vivir.

DONATA

No me interrumpas, huerfanito. Te saca-
mos del arroyo. Te encontramos tirado,
muerto de hambre, entre dos automóviles
que por milagro no te pasaron encima.
Habías hecho un nido de periódicos en
plena calle. Nadie volteaba a mirarte.
Nadie te recordaba. Incluso nos llegaron
noticias de tu muerte. Pero mi marido
decidió encontrarte, dijo que eras el criado
ideal, un estuche de monerías, un milagro,
yo no sé, yo no te conocí antes, pero creo
en la palabra de mi marido. Él te trajo
aquí. Eras un vagabundo espantoso, des-
graciado, sin zapatos, con un gabán raído
y ladillas en los sobacos.

(Pausa.)

Pero sobrio. ¡Dios mío! Siempre sobrio.

DUQUE

Trato de demostrar mi gratitud a los señores. Los sirvo con reconocimiento.

DONATA

También puedes admirar el atardecer desde la azotea. O ir a un espectáculo de luz y sonido. Duque, hay tantas cosas dignas de ser vistas, que si las vieras todas te estallarían los ojos como yemas hervidas. Anda, regresa a las calles de donde te rescatamos. Abandóname. Ve cosas. Y mientras tú andes errando, llegará la carta y yo la abriré, la leeré y no te contaré nada. Te quedarás en ayunas. Habrás perdido la única oportunidad.

(*Pausa. El Duque se desplaza hacia el círculo negro. Arrastra los pies. Sobresalto de Donata.*) Anda. ¿Qué esperas? Sal a la calle. Velo todo y luego regresa a contarme cómo es el mundo. Los ojos no mienten.

DUQUE

Ah, señora. Qué grave error. Mienten todo el tiempo.

(*Oscuridad súbita y total. Grito sofocado de la mujer. La voz del Duque continúa.*) Yo le diría que cada mirada posee una amenaza… que cada mirada es su propio peligro. Los ojos quieren apropiarse de las cosas que ven, pero al hacerlo las devoran. Tenemos los ojos de Saturno, señora. Cada mirada nos impide recuperar lo visto y al mismo tiempo queda prisionera de las imágenes vistas, que capturan nuestra mirada y nos impiden recobrarla. Es peligroso ver, señora, es muy peligroso; nada es visto impunemente; nada se deja ver sin robarnos una parte de nuestra mirada. Y así, de mirada en mirada, los ojos se incen-

dian y un día amanecemos ciegos. No
hemos visto nada. Lo hemos visto todo.

*Lento regreso de la luz. Pero esta vez, Donata está
acuclillada dentro del círculo negro. El Duque,
ausente. Donata mueve la cabeza con lentitud, en
todas las direcciones.*

DONATA

> ¿Qué escuchas?
> *(Pausa.)*
> Duque.
> *(Pausa.)*
> Contesta.
> *(Pausa.)*
> Duque…
> *(Pausa.)*
> ¿Dónde estás? ¿Duque? No bebas a solas.
> No me humilles. No salgas al jardín. No
> goces de la primavera a mis espaldas.
> *(Pausa.)*
> Duque. Léeme esa carta. Duque…

*Pausa. La voz del Duque desde el fondo oscuro del
escenario.*

DUQUE

> Se equivoca. El campo está inundado y el
> árbol seco. No hay ninguna carta.

DONATA

> Sal del rincón. Sabes que los ecos no me
> gustan.

El Duque emerge lentamente del fondo.

DUQUE

Me permito declarar que se trata de una artimaña de la señora para asegurarse de mi presencia. Sabe usted perfectamente que a esta hora tengo derecho de hacer lo que me plazca.
(Llega hasta Donata.)

DONATA

No puedo más. Me duelen los huesos. ¿Por qué andas creyendo en tus sueños?

DUQUE

Porque siempre se han cumplido.

DONATA

Sí, para mal de todos.
(El Duque ofrece apoyo a Donata para levantarse.)
Llévame a la mecedora… Tengo que continuar el trabajo… Mi marido se pondrá furioso si regresa y no lo he terminado…
(Toma asiento. Tantea alrededor de sí.)
Encuentra mi labor… Pronto… Obedéceme… No hay tiempo…

El Duque inicia una pesquisa a lo largo y ancho del escenario, mientras Donata recupera la calma.

DONATA, *murmura*

Puedo pensar en el alcohol, en la primavera y en ti, aunque ninguna de las tres cosas exista…

El Duque llega ante la pequeña cómoda, cierra y abre, enfurecido, los cajones con la voz cada vez más ríspida.

DUQUE

…aquí… ¡estoy seguro!, siempre cierro con llave, ¡la chapa ha sido forzada!

DONATA, *suspira*

Aunque no sé si con todo mi deseo puedo asegurar que se reanuden los servicios de agua potable y reparto de leche…

Los pasos firmes, taconeados del Duque se acercan a Donata. El Duque le habla groseramente a la mujer, junto a la oreja.

DUQUE

Los señores me pagan. Yo cumplo. Los señores no tienen queja de mí. Mi tiempo y mi devoción pertenecen a los señores. ¡Pero el cajoncito es mío! ¡El cajoncito es mío!

DONATA

Te escucho perfectamente. Retira tu fétido aliento.

DUQUE

Es que no es la primera vez que sucede.

DONATA

Reclama a la gerencia.
(Tantea alrededor.)
Piensa que es fácil engañarnos. ¿Qué pruebas tienes de que un ladrón no se ha metido en la casa mientras tú y yo…?

DUQUE

Por eso cierro con llave. Es imposible romper la chapa sin hacer ruido.

DONATA

Los ladrones suelen robar de noche y en la oscuridad. O cuando no hay nadie.
(*Oculta la risilla con la mano. Luego, seriamente.*)
¿Encontraste mi labor? ¿Para qué sirves? ¡Criado! ¡Obedéceme!

El Duque se hinca y busca la labor.

DUQUE

Me hincaré ante usted, pero no le toleraré…

DONATA, *irritada*

Oh, pareces un ratoncito roñoso. ¿Crees que me interesa atiborrarme con esas porquerías que guardas en tus escondrijos?

DUQUE

Mida sus palabras. Son sándwiches de paté y de caviar, es una botella de Richebourg, son cosas que usted no sabría apreciar y que a mí…

DONATA

Pordiosero. Por avaro te lo tienes merecido. Tus canapés son como suelas de zapatos, enroscados, tiesos, y tu vino sabe a musgo y telaraña…

El Duque se incorpora con dignidad.

DUQUE

¡Ah! Entonces la señora ha probado…

DONATA

Por descuido. A veces me desoriento y creo que el buffet está de aquel lado. Y basta. No puedo ocuparme de tus miserias toda la noche.

El Duque permanece rígido. Inclina la cabeza.

DUQUE

La próxima vez que ocurra, presentaré mi dimisión. Lo juro. Esos canapés y ese vino son como mi propia persona y al utilizarlos sin mi permiso la señora me ofende gravemente.

DONATA

Sí, sí, está bien. Ahora vete lejos, lejos, a un rincón. Te condeno al tedio y a la desesperación, lejos de mí.

DUQUE

No basta. Cuando regrese, el señor querrá saber si su pan y su vino están intactos. Él los dejó en mi custodia.

DONATA

Entonces sólo hay una solución… Mañana mismo… no, esta noche… para qué perder más tiempo… ahora, sin falta… vas a tomar esas pilas de periódicos viejos… las colocarás en medio de la sala.
(Pausa.)
No dirás que no soy generosa.
(Pausa.)
Soy el ama, pero te ofrezco la mitad de la

sala. Tú de un lado de los periódicos, yo del otro lado. Haz lo que quieras en tu parte de la casa. Aprovecha mi desinterés. Recibe tus cartas. Invita a la señorita Marina, si quieres, y revuélquense en el piso.

(Pausa.)

Te lo digo con calma. Sin cólera. Anda.

DUQUE

Su marido se va a enojar. Usted sabe que tiene las publicaciones en orden. Usted sabe que las consulta a cada momento para aplastarnos con su sabiduría.

DONATA

¿Cuándo fue el pánico en la bolsa?

DUQUE

Se pondrá furioso si le cambio de lugar sus colecciones.

DONATA

¿Cuándo terminó la guerra? ¿Cuándo fusilaron al emperador?

DUQUE

Se va a confundir. No sabrá nada. Y yo voy a pagar los papeles rotos... yo... Señora: su marido nos va a hacer responsables a los dos...

DONATA

Que paguen justos por pecadores.

DUQUE

Me niego a cumplir sus órdenes.

DONATA

Está bien. Me haré responsable.

DUQUE

No me basta su palabra.

DONATA

Atrevido. ¿Quieres que te firme una confesión?

DUQUE

Sería lo indicado.

DONATA

¿Crees que voy a echarte la culpa cuando regrese mi marido?

DUQUE

Más vale precaverse.

Donata se pone de pie. Al hablar, golpea el pecho del Duque, empujándolo hacia el gran armario.

DONATA

¿Y cómo sé si tú no te vas a valer de mi confesión como de un cheque en blanco para justificar ante mi marido todos tus errores? ¿Por qué has desatendido el jardín, Duque? Señor: la señora no quiso que me alejara de ella; aquí está la prueba. ¿Te acostaste con la señorita Marina, Duque? Señor: la señora me lo ordenó; aquí está la confesión.

El Duque levanta el zorro de Donata del suelo. Pero éste es un zorro completo, no sólo la piel sino el cuerpo y las patas. El Duque coloca el zorro frente a él. Donata lo toma como si estuviese vivo: los movimientos del Duque y de Donata le comunican un movimiento al zorro, movimiento que continúa cuando Donata lucha contra el zorro, lo golpea, lo empuja hacia el armario, mientras el Duque camina hacia atrás, pero dando la cara al público, hasta agazaparse al lado de los periódicos. Allí, empieza a aullar quedamente.

DONATA

Señor, me acuso de haber obedecido a la señora; señor, la señora me obligó a servirle una copa, la señora se emborrachó, la señora se desnudó, la señora me llevó a la cama con ella y la señora estaba caliente como una zorra en celo, la señora estaba fría como el vaho de una serpiente, la señora estaba fecunda como un charco de lodo, la señora la señora la señora es culpable; aquí está la prueba, firmada por ella: la señora se hizo responsable... ¡Ja!

Donata encierra al zorro dentro del armario y se apoya con todas sus fuerzas contra la puerta del mueble. Echa llave. Corre como un ratoncillo que huele el queso a la cómoda. Abre un cajón y toma con avaricia sensual los pequeños canapés, saca la botella de vino y una bolsa de caramelos, aprieta la bolsa, la acerca al oído para escuchar mejor el crujir del celofán...

DONATA

Ah, esto nunca lo menciona el roñoso...
¡Caramelos!
(Permanece con las cosas entre las manos y una mueca de gula y avaricia.)
Duque...

(La mueca empieza a transformarse en otra de angustia.)

Contesta…

(Silencio. La angustia se convierte en terror.)

Contéstame ahora… ¿Estás seguro de que estamos solos?

(Deja caer los objetos dentro del cajón.)

Duque… Asegúrame que en esta casa vivimos sólo tú y yo… Dime que todos esos ruidos vienen de afuera…

(Cierra el cajón. Gira un poco, desconcertada. Avanza con los brazos alargados hacia el armario.)

Duque… dime que nadie puede penetrar en nuestra casa… dime que está sellada con plomo… dime que nada más nosotros podemos respirar este aire… dime que has regresado para siempre…

(Toca con los nudillos contra la puerta del armario. Mientras habla, el Duque avanza siniestramente desde el fondo. Se ha quitado la pechera y la camiseta. Torso desnudo. Avanza con un objeto brillante en la mano. Donata habla con la mejilla contra la puerta y los brazos abiertos contra el mueble.)

Duque… estás ahí, ¿verdad?… No te aproveches de mí… ¿Te parece justo?… Sí, sí, puedes echarme en cara lo mismo… quise aprovecharme de ti… encerrarte… pero es que tú me tienes encerrada el día entero, todos los días… déjame jugar… permí-

teme este momento alegre, mi amigo…
quiero ser tu carcelera sólo por unos mi-
nutos… tú me vigilas eternamente… pero,
Duque… tú no conoces a mi marido… es
el hombre más desconfiado del mundo…
no cree en la bondad de la gente… ¿tú te
imaginas que ha confiado en ti?… Duque,
huelo en esta casa un veneno escamado…
un jadeo insatisfecho… siento cerca de mí
una piel viscosa y una pelambre húmeda…
digo lobo… o serpiente… pero puede
ser… otra cosa… algo que él dejó aquí
para que nos vigilara a los dos… no me
atrevería a decírtelo a la cara… necesitaba
una puerta de por medio para confesár-
telo… tengo miedo… Duque… tengo
miedo…

(Pausa.)

Estuve a punto de robarme tus cosas… tu
pan y tu vino… me acuso… sobre todo
me acuso de que no tuve valor… quizás…
otro día… encuentre una justificación
más honorable… espero que tú me invi-
tes, sí, tú, espontáneamente… que tú me
ofrezcas… algo de beber, algo de comer…
ahora te confieso que temí… me sentí vi-
gilada, compañero… temí que un lobo
saltara desde un rincón negro de la casa y
me arrebatara el caviar de la boca… temí
que una serpiente me clavara los colmillos
en la garganta mientras bebía… Duque,
fiel servidor… vigilante de mis noches…
espectro de mis días… voy a dar vuelta a

la llave… Voy a liberarte…
(Lo hace. Abre el armario lentamente.)
Puedes salir… No hagas ruido… Absuél-
veme…

Al abrirse la puerta, un atroz escándalo: aullidos de lobo, cascabeleo de serpientes. El Duque toma violentamente del cuello a Donata.

DUQUE

La palidez de la señora, la tersura de su cutis, deben ser el resultado de un clima húmedo y frío. Los ojos de la señora son muy velados pero no alcanzan a disimular su tristeza, su peligro sensual y su dignidad maltrecha…
(Borra con los dedos una de las cejas pintadas de Donata.)
Perdón. El daño es reparable. La señora es ligeramente anticuada, pero dadas las circunstancias su esfuerzo por arreglarse es encomiable. Lo que la señora decide aplicar está pasado de moda, pero lo que abandona al azar del tiempo no envejece. Curiosa señora, muy curiosa.

DONATA

Abajo las patas, criado.

DUQUE

La señora falta a la verdad. Mis manos son poderosas… pero tiernas. La señora sabe que toco sus facciones con la mayor suavidad y que mis dedos le regalan lo que ningún espejo podría ofrecerle.

(Acerca el objeto que trae en la mano al rostro de Donata. La mujer jadea.)

DONATA

¿Qué es? ¿Qué haces?

DUQUE

Mírese, señora…

DONATA

Mientes. No hay espejos en la casa.

DUQUE

Le digo que se mire.

DONATA

Te ordené que rompieras los espejos. Te escuché quebrarlos.

DUQUE

Y me obligó a caminar con los pies descalzos sobre las astillas… eso no lo quiere recordar, mi señora… eso nunca se menciona, ¿verdad?, mis pies sangrantes…

DONATA

Era necesario un sacrificio… ahuyentar la mala suerte…

DUQUE

¿Quién le asegura que los vidrios rotos no pueden recomponerse y reconcentrarse en un solo espejo más intenso, más profundo que sus múltiples modelos? ¿Y quién le niega que una vez reintegrados, los espejos no reinventan nuestra suerte?

DONATA

Farsante. No hay espejos en esta casa. Eso lo sé. Ésa es mi única facultad: repeler mi propia imagen, sentirme imantada por el asco de un espejo cercano… no entiendes… sé oler los espejos, sé escucharlos…

DUQUE

Quieta, señora. No trate de zafarse. Se equivocó. Éste no es un espejo corriente. Usted no lo podía imaginar. Tóquelo. *(La obliga a hacerlo.)* Meta sus dedos entre los míos. Toque lo que yo toco. Ahora dígame qué siente.

DONATA

Es una piedra. Te digo que te engañas… Es una vulgar roca, rugosa y dura.

DUQUE

La señora habla sin convicción. Ahora pase los dedos por delante… así…

DONATA

Me haces daño…

DUQUE

Así… ¿Y ahora?

Donata recorre la superficie lisa de la piedra.

DONATA

Es una superficie lisa humedecida por mi respiración.

DUQUE

La señora no reconoce su imagen… y sin embargo es la más segura de todas… es la imagen de la piedra abierta… el espejo de un ágata… el espejo opaco… rosa y azul… gris y violeta… el espejo indestructible, porque su azogue es el agua muerta que permanece en el corazón de la piedra…

DONATA

¿Para qué sirve esta tortura? Duque…
¿para qué sirve un espejo si no te puedes
mirar en él?

DUQUE

La señora no puede observarse y sin embargo
el espejo refleja fielmente a la señora… Al no
poder mirarse a sí misma, usted se vuelve
menos que el espejo… el espejo sí la mira a
usted… El espejo te mira…

DONATA

No, no… Tú ves en mi nombre…

DUQUE

El espejo sí le devuelve la mirada que usted
no puede darle… el espejo deja de ser es-
téril, deja de ser virtual y es usted, mi señora, la que se convierte en un hueco,
inexistente sin el espejo que antes no exis-
tía si usted no lo miraba.

DONATA

Tú estás aquí para cuidarme…

DUQUE

Antes, el espejo era útil precisamente porque se distinguía de la realidad: el espejo
se apoyaba en la mirada de mi señora y sin
ella era un espacio mutilado… un cuerpo
dormido…

DONATA

No me hace falta el espejo…

DUQUE

Pero ahora las imágenes se invierten, el
espejo mira a la señora y la señora no
puede mirarse en el espejo.

DONATA

Te tengo a ti. Tú eres mi lazarillo.

DUQUE

La señora, sin el espejo, es inútil, carece de la identidad que le presta un objeto vivo, finalmente idéntico a lo que representa.

(Pausa.)

El espejo ha dejado de ser el anuncio de la señora. La señora se ha convertido en el presagio del espejo.

Donata se zafa violentamente del Duque, tantea, recoge el bastón blanco, lo levanta y pega contra las espaldas del Duque. El Duque deja caer la piedra ágata con un gemido. Donata arrea con el bastón que a veces cae con un golpe seco y duro sobre el cuerpo del hombre, y a veces sólo hiere el aire. Por fin el Duque toma con las manos la punta del bastón; lo aprieta entre los puños.

DUQUE

Hace seis días que se fue el marido de la señora. Hace seis días que sacrifico mi derecho a salir de seis a ocho. Hace seis días que no veo a la señorita Marina. Mi paciencia tiene límites. Le aviso a la señora que mañana me tomaré toda la jornada. El séptimo día todos tenemos derecho al descanso. Sobre todo los criados.

Donata suelta el bastón, se deja caer suavemente al piso.

DONATA

Háblame de otra manera… Ya no me tra-
tes así…
*(El Duque camina a la cómoda. Saca la
botella de vino. Regresa a Donata.)*
Trátame como tratas a la señorita Marina… hazme daño…
*(El Duque le ofrece la botella a Donata.
Donata tiembla, la lleva a los labios, bebe de
manera grosera y vital. Deja la botella, ja-
deando; se limpia los labios con la mano.)*
Corre las cortinas. Nos pueden ver.

*Tema musical. El Duque camina hasta el prosce-
nio, toma el telón imaginario y lo va corriendo.
Al mismo tiempo, se arranca la barba postiza.
Toma con fuerza a Donata. La besa. Los dos caen
sobre el piso. Se entrelazan. Se separan. Se miran.
Ríen. Vuelven a entrelazarse sexualmente. Ella lo
mira. Él la toma con violencia. La posee. Ella se
entrega. Gime. Lloriquea. Se recupera. Siente
asco. Mira al Duque. Le escupe a la cara. Él le
devuelve el escupitajo. Dudan. Se miran. Se abra-
zan fuertemente mientras las luces cambian de la
noche al amanecer. Sorpresa. Ambos gritan.
Ambos gimen. No hablan nunca. Suspiran.
Gimen. Gritan. Donata se separa lentamente del
Duque. Se echa un cobertor sobre los hombros.
Gime, aparta el telón. Oscuridad completa, salvo
la única luz intensa que ilumina el rostro de Donata, la obliga a guiñar, a taparse los ojos con la
mano libre. Murmura:*

DONATA

Estamos a fines de enero. El tiempo ha engañado a la naturaleza. El invierno se ha disfrazado de primavera, pero sólo por una semana o quince días. Luego regresará el frío a cumplir su ciclo y será necesario quemar las siembras prematuras y cortar las ramas y pulverizarlo todo con insecticida.

(Pausa.)

Pero Venus no se detiene. Recorre el universo en un solo día… todos los días. Estrella de la aurora y estrella del crepúsculo… Preciosa gemela de sí misma.

La luz invade el escenario. Periódicos regados por el piso. El Duque, cubierto con una frazada, duerme en el centro. Cerca de él, botellas vacías, platos con restos de comida. Despierta sobresaltado, con un gemido.

DUQUE

Donata… ¿Donata…?

(Alarga un brazo.)

¿Estás ahí?

DONATA

Sí.

DUQUE

Creí… creí que habías aprovechado mi sueño.

DONATA

Sí.

Pausa. El Duque se levanta.

DONATA

¿Cuándo dijo que regresaba?

DUQUE

En una semana. Hoy.

DONATA

Se fue hace seis días.

DUQUE

Siete. No te sigas engañando.

DONATA

Quiero ganar un día. Uno solo. ¿Es pedir demasiado?

DUQUE

No hay tiempo. Ya llegó el domingo. Debemos seguir como siempre. Tengo que prepararte el desayuno y la cama.

DONATA, *serena pero sin ánimo*

Sí, hazlo; luego podemos dormir juntos toda la mañana.

El Duque reúne periódicos regados por el piso, hace una pequeña pila con ellos, les prende fuego.

DUQUE

Debemos arreglar la casa. Él no debe notar nada.

DONATA

No tiene derecho.

(Se acuclilla y acerca las manos al calor.)

Salió y nos abandonó en este muladar. Cree que va a encontrarlo todo igual... que sólo él puede divertirse en el mundo...

condenarnos a esta soledad eterna… y encontrar su casa igual cuando regrese. No quiero.
(Pausa.)
Jamás debí aceptarlo. Debimos seguir viviendo en un apartamento moderno y confortable.

DUQUE

¿Por qué lo seguiste a este destierro?

DONATA

Me prometió que aquí empezaríamos de nuevo. Otra vez. Ésa es su promesa. Su única promesa. Que todo puede recomenzar. Su eterna promesa…

DUQUE

¿Le creíste… otra vez?

Donata no contesta. Alarga la mano, tantea, encuentra una botella, la toma, se la lleva a los labios, escupe con una mueca de asco. Permanecen diez segundos en silencio.

DONATA

¿Qué haces el día de fiesta?

Pausa. De nuevo, el rumor del sobre bajo la ventana. El Duque se levanta y camina hacia el proscenio.

DONATA

¿Has pensado en una diversión para mañana, para el domingo?

El Duque recoge el sobre, excitado.

DUQUE
Hoy es domingo.

Mientras Donata habla, el Duque rasga el sobre y camina hacia la cama. Llega junto al lecho y vacía el contenido del sobre imaginario. Toma los dos bastones blancos y empieza a pegar sobre el suelo con ellos, a chocarlos entre sí, con un ritmo monótono.

DONATA
Mañana. Mi marido me hacía el amor los domingos… el resto de la semana hacía su carrera… actividad, prestigio, relaciones públicas, el bien a sus semejantes, mandamientos y castigos… los domingos no… me decía que mis senos eran como limoncitos; después ponía un tango en el tocadiscos… decía que es importante amar con música de fondo… a mí me recordaba un carrusel… cuando los muchachos me veían dar vueltas sobre el caballito de madera… tratando de mirarme los muslos… mi marido era disciplinado y ambicioso… sólo los domingos… todo a plazos… Luego salíamos a ver los aparadores de las tiendas… la lavadora automática, el refrigerador, la batidora, una canoa de goma para las vacaciones, primero el… Fiat… y luego el… Mercedes… un estéreo, música de fondo, a él le gusta… tuvimos todo lo

que deseamos, ¿ves?… ¡todo! … hasta que
él dejó de escuchar la música y por eso
regresamos aquí, él dice que la música
viene de este jardín… que por eso hemos
regresado… que yo nunca podré escuchar
lo que él escucha… ver lo que él ve… En
el jardín que es suyo…
*(Se incorpora, angustiada, apretándose las
manos.)*
Fue al casino… a la ruleta… podría escri-
bir informándonos si ganó… o perdió…
alguna novedad… algún mensaje.

DUQUE
Quizás todo es un gran equívoco.

Donata sigue hablando sin escuchar al Duque.

DONATA
Al principio, quise creer que esas cartas
que llegan todos los días eran para mí. Soy
una pobre ilusa. Quise creer que él volvía
a escribirme… como al principio.

DUQUE
Quizás él está esperando que nosotros le
escribamos… que nosotros le contemos lo
que ha pasado aquí en su ausencia…

*Donata no contesta. Pisa las cenizas del fuego de
periódicos, acaba de apagarlo. Camina hacia el
proscenio tiritando de frío. El Duque se acerca a
ella, la abraza por detrás.*

DUQUE

Mi amor. Déjame servirte como de costumbre.

DONATA

Es tu día de descanso… lo dijiste ayer… me amenazaste con dejarme sola todo el día… y además te esperan.

El Duque acaricia la cabeza de Donata.

DUQUE

Nadie me espera.
(Pausa.)
Cuando tu marido me encontró… en la calle… no lo reconocí. No lo había visto en mucho tiempo. Pero a ti te reconocí sin haberte visto antes. Esa tarde fui a visitar a la señorita Marina, que había sido buena conmigo cuando más necesitaba estar cerca de alguien. Le dije que iba a aceptar el puesto de criado y compañero de la señora, no por gratitud al marido, sino por amor a la señora…
(Pausa.)
Es que apenas toqué y escuché a la señora… a ti… experimenté un desamparo más hondo que el mío. No podía explicarlo. Tu marido me buscó, me encontró, me sacó de la miseria. Sin embargo, al llegar a… esta casa… sentí… compasión. No gratitud. Ni rencor. Ni indiferencia. Sólo una infinita piedad. Piedad por la que se apiadaba de mí.

DONATA

No, no era piedad, era…

DUQUE

Por favor. Eso le dije a la señorita Marina: "Te agradezco que me hayas ayudado. No quiero parecer desagradecido. Pero la señora va a necesitarme todo el tiempo. No tendré un momento libre."

DONATA

¿Y las veces que te has despedido y he oído que la puerta se cerraba detrás de ti?

DUQUE

Era una comedia. Caminaba hasta la puerta… la abría y la cerraba… Permanecía inmóvil dos horas… cuidándote… desde ese rincón. En silencio.

DONATA

Duque. Anoche soñé tus sueños. ¿Me entiendes?

DUQUE

Le dije a la señorita Marina: "Hay un gran abandono en el mundo. Como si todos quisiéramos irnos pronto de aquí. Como si no nos cupiera en el pecho el odio y el rencor de haber sido creados. Como si el semen de nuestros padres fuese un veneno y el útero de nuestras madres una cloaca. Como si quisiéramos destruirlo todo antes de destruirnos a nosotros."

Pausa.

DONATA

¿No hay salvación?

DUQUE

Si cada uno escogiera a una persona y se hiciera cargo, completamente, realmente, de ella… ésa sería la salud. Ésa sería nuestra profesión… ocuparnos íntegramente de otra persona… no tendríamos tiempo para nada más… dejaríamos de trabajar, de pensar, de sospechar, de matar, de rezar… Ya no tendríamos miedo ni de nuestros padres ni de nosotros mismos ni de los demás. Le dije a mi amiga…

DONATA

Tú te haces cargo de mí en la medida de tus fuerzas.

DUQUE

No creas que soy desagradecido. Te dejaré de ver. Pero no porque haya encontrado a otra persona que se hará responsable de mí, sino porque he encontrado a una persona de la que me quiero hacer responsable.

DONATA

Ella no lo sabe. Ella no se dejaría humillar.

DUQUE

Ella no me lo ha pedido. Es una decisión mía. No sé si obro a pesar de ella.

DONATA

Ella no acostumbra compadecerse o pedir que la compadezcan. Nada le repugna más.

DUQUE

Creo que la señorita Marina lloró. No sé si entendió muy bien. Es una muchacha muy sentimental…

DONATA

La persona abandonada no puede enten-
der. Aunque el motivo de su abandono sea
que otra persona esté aún más sola.

DUQUE

Su vida es triste. No es modistilla como tú
dices. Es acomodadora de un cine. Es te-
rrible. Se aburre mucho. Le pisan los pies.
Le dan propinas miserables. Las salas están
mal ventiladas. Tiene que ver centenares
de veces la misma película. Es una prisionera de la oscuridad.

DONATA

Y tú viniste a cuidar a quien te desconocía.

DUQUE

Sí. Podía cuidarte mejor mientras más me
ignoraras.

DONATA

Y tú…

DUQUE

Yo creo en los que no creen en nada. La
nada está convocando la presencia de lo
que se desea. Mis únicos encuentros han
sido con los que no me buscan.

DONATA

Piedad, dijiste, no necesidad.

DUQUE

Sí; dije piedad. Piedad.

DONATA

Mientras yo no confiaba en ti.

DUQUE

Sí.

DONATA

¿Y ahora?

DUQUE

Nuestro deseo es común.

DONATA

Yo tengo "mi" recuerdo, "mi" baile, "mi"
encuentro, "míos"…

DUQUE

Ahora estamos juntos. La memoria será un
presagio.

Donata aprieta las tijeras entre los pechos.

DONATA

Una vez yo fui distinta.

DUQUE

Lo diferente siempre vence. Aunque sea
por poco tiempo.

DONATA

Me esperaban. La memoria me anunciaba.
Yo era deseada.

DUQUE

No basta recordar cómo empezó todo.
Tenemos que saber cómo terminó.

Donata se inclina hacia los periódicos regados.

DONATA

Quizá venga en los periódicos.

DUQUE

Siéntate. Recorta todo lo que se refiere al
caso.

*Donata se sienta en el centro del círculo negro y
comienza a tijeretear periódicos.*

DONATA

Editorial: causas de la caída del imperio…

DUQUE

No, no…

DONATA

Sección botánica. Sobre la tristeza de los árboles nocturnos.

DUQUE

Eso no, busca bien, sigue adelante…

El Duque continúa negando mientras ella habla.

DONATA

Aviso de ocasión. Turista extranjero busca muchacha local conozca lengua y costumbres para guiarlo… Actividad financiera: el euro vale tres cocos, el yen se estabilizó en doce gramos de pólvora, la paridad del dólar: una libra de carne… Nota roja: doscientos guerreros fueron sacrificados en la cima de la pirámide… Sección de preguntas y respuestas: ¿Por qué no regresas?

DUQUE

Eso… ahí… detente… repite…

DONATA

¿Por qué no regresas?

El Duque avanza hacia abajo.

DUQUE

Agradece mi soledad. La comparto contigo.

DONATA

¿No has recibido los mensajes? ¿No sabes que todos te están esperando, que todos desean verte?

El Duque se despoja del cobertor y permanece con el torso desnudo y un pantalón blanco ceñido.

DUQUE

Por favor, cree en mí; no puedo mostrarme, pues dejarían de verme.

Donata deja caer el periódico. El Duque desciende por la rampa a las plateas. Sonido paralelo a la acción: rumor de las hojas de zarzamora, cascabeleo de serpientes, aullido de lobos, teponaxtles, acorde de un piano, pulso de la electricidad, cláxones, sirena de nieblas, jet. Ubicados en distintas zonas del escenario.

DONATA

¿No entendiste los mensajes? ¿Llegaron tan débiles los ruidos? ¿Se apagaron las luces? ¿Los sobres…?

DUQUE

¿Abriste alguno?

DONATA

Yo no; pero tú dijiste anoche que los has recibido todos los días a las cinco de la tarde, que has tratado de engañarme y los has abierto a escondidas o escuchado por los ruidos repentinos que también son mensajes…

*El Duque habla caminando por los pasillos del
teatro, mirando a los diversos espectadores.*

DUQUE
    ¿Qué decían los mensajes?
DONATA
    Aviso oportuno. Regresa. Todo perdo-
    nado. Te necesitamos. No podemos creer
    que hayas muerto.
DUQUE
    Si regresara, dejarían de necesitarme.
DONATA
    Recordamos sólo el bien que hiciste. Son
    mensajes de la tierra.
DUQUE
    Si regresara, me volverían a condenar.
DONATA
    Juran obedecerte, si regresas.

*Donata se detiene, vencida. Dirige la mirada
ciega alrededor del escenario. Sudorosa, despei-
nada, casi un animal, con las manos llenas de
ceniza. Recoge algo. Es la piedra ágata.*

DONATA, *tono sórdido, cansado, victimado*
    Mira tu cuerpo en el espejo.

*El Duque se arrodilla en el centro, de perfil, con la
cabeza baja. Donata se arrodilla, de perfil, frente a él
y coloca la piedra-espejo frente a sus ojos.*

DUQUE

¿Por qué quieres darme esa pena? ¿Quién eres? ¿Qué te importa mi cuerpo?

DONATA

Soy tu esclava. Mira tu cuerpo. Aparecerás en el espejo. Conócete. Conoce tu cuerpo para que puedas desear un cuerpo idéntico y distinto. El más semejante y el más diferente. El cuerpo de tu hermana. Tu primera mujer. La prostituta del templo.

Donata y el Duque alargan las manos hasta tocarse las puntas de los dedos. Donata toma la cabeza del Duque, la acaricia como si la modelara. Recorre con las manos todo el cuerpo del hombre, reconociéndolo pero creándolo, hasta que Donata y el Duque se lanzan a las sobras de los platos, se las disputan, ella vence, le arrebata la comida, le arroja una pieza y los dos comen en cuatro patas, gruñendo, hasta que el Duque se incorpora, atarantado.

DONATA, *apartando la comida con violencia*

La humedad de esta casa. Los rincones de musgo. Las cuarteaduras de arcilla. El comején de las vigas. Los rellenos apolillados de los muebles. El olor mineral de los hongos. Dos animales famélicos.

DUQUE, *voz baja, cabeza baja*

Te dije la verdad, Donata.

Donata se yergue con majestad, con la piedra en una mano y el bastón en la otra.

DONATA

¡Señora! No lo olvides. El único problema es mantener la dignidad, no regresar al fango, no devorarnos los unos a los otros. El único asidero es lo que comemos, lo que vestimos y lo que decimos. ¡Señora! Recuérdalo bien. Sólo puedo ser tu puta o tu ama. No quiero ser tu mujer porque no necesito tu compasión. Te dejé humillarme. Ahora tienes que volver a obedecerme. Nunca has hecho más que cumplir mis deseos.

DUQUE

No, no, en ese momento fueron nuestros deseos, Donata…

(Donata da un golpe seco con el bastón al Duque.)

Señora… por favor, suyos y míos, señora… esa vez nadie dio órdenes, su anhelo y el mío coincidieron por un instante, usted me hacía falta y yo le hacía falta a usted, esa vez la necesidad fue… común. *(Pausa.)*

Señora.

DONATA

¿Y la otra vez?

DUQUE

No sé de qué habla, se lo juro.

DONATA

Te lo diré antes de que se me olvide a mí. Tu sueño, el de las estatuas.

DUQUE

Lo he olvidado. Anoche no soñé eso.

DONATA

No. Anoche tú soñaste mis sueños y yo el

tuyo. Nos contagiamos los sueños; tú mis maravillosos sueños que nunca se repiten; yo tu único sueño cerrado, tu maldito sueño, dale que dale, como disco rayado. Pero se te olvidó una cosa: que yo ya había soñado tus sueños antes, sólo que a mi manera, con la verdadera conclusión. Voy a obligarte a recordarlo todo. Voy a obligarte a regresar para que pagues tus crímenes.

DUQUE

Créame que he pagado con el olvido.

DONATA

Bah. Para mí olvidar sería un alivio.

DUQUE

Dejaría de imaginarse como lo que ya no es… Y al perder la comparación dejaría de verse como lo que es…

DONATA

Una mujer enamorada de su juventud.

DUQUE

Y entonces sí, señora, entonces sí estaría usted abierta a lo que puede ser… entonces se convertiría en la persona que usted y yo desconocemos… pero yo, señora, cuando me fui de aquí…

DONATA

Cuando fuiste expulsado, dirás…

DUQUE

Como prefiera… perdí toda memoria de mi vida anterior. Mi recuerdo es un largo olvido.

DONATA

Yo te puedo refrescar la memoria, embustero. Anoche escuché tus sueños.

DUQUE

Mis sueños fueron los de la señora. Pero esta vez soñados por mí.

DONATA

Y tú escuchaste mi sueño. Deja de mentir: lo escuchaste.

DUQUE

El sueño de la señora fue el mío. Pero esta vez soñado por ella.

DONATA

¿Por ella? Por mí.

DUQUE

Por ella. No es la primera vez que dejo de soñar mi sueño para soñar el sueño de la mujer que duerme conmigo. La primera vez que una mujer me escuchó hablar dormido…

DONATA

¿Una mujer?

DUQUE

Sí. La primera. Mi amiga, la señorita Marina. Me escuchó y luego me contó lo que yo había dicho. Creí que ésa era la verdad. La escuché y una gran angustia pesó sobre mí. Supe que había perdido algo muy importante… algo incomparable. Toqué mi cuerpo y le dije a la señorita Marina que sentía vergüenza, que mi cuerpo no era más que un poco de tierra, de pena, de desolación, de esclavitud. Le dije que me sentía como si hubiera perdido la vida.

DONATA

A ver, repite lo que esa señorita te contó

que habías soñado.

DUQUE

Lo he estado viviendo con usted, señora.
Usted y yo estamos viviendo lo que yo soñé.

Larga pausa. Silencio. Las dos figuras inmóviles.
Finalmente, el Duque se levanta penosamente,
adolorido, abrazándose a sí mismo, tocando sus
brazos y su pecho desnudos.

DONATA

Estás a tiempo.

DUQUE

No, no. Ya no hay tiempo.
(Empieza a recoger periódicos y trastes.)

DONATA

Puedes aprovechar para fugarte. Puedes
regresar.

DUQUE

No, no…

DONATA

¿Sigues creyendo que debes cuidarme?
(Pausa. El Duque no contesta.)
¿Después de emborracharte conmigo y
acostarte conmigo?
(La cabeza del Duque afirma, duda, niega,
vuelve a dudar.)
¿Qué clase de guardián eres? ¿Piensas que
mi marido no se va a enterar? ¿Sigues
creyendo que preferirá mantener la ilu-
sión de que nada ha cambiado? ¿No sabes
que él no puede vivir si no castiga? Eres
un necio. Mientras tú crees que has sido

compasivo conmigo, él verá un crimen en tu piedad, como yo una ofensa. Olerá tu vino en mis labios. Olerá tu ceniza en mis manos. Olerá tu semen entre mis piernas.

(Pausa.)

Y yo no te defenderé. Yo seré la primera en denunciarte, en renegar de ti. Yo le diré a mi marido que me emborrachaste a la fuerza para poder violarme. Pero no le diré que tu verdadera ofensa consistió en ser el testigo piadoso de mi ridícula vejez… ¿Ya es de día?

DUQUE

No sé.

DONATA

¿Por qué no sabes? ¿No tienes ojos? ¿Quieres que te sustituya con un perro? ¿No puedes asomarte por las ventanas y decirme si es noche o día?

DUQUE

Es la hora de la cena.

DONATA

¿Vas a dejar de servirme? ¿Vas a dejar de decirme si me rodea la sombra o la luz?

(El Duque coloca la cabeza cercenada del lobo sobre la mesita de té.)

¿Te imaginas que con una copa y un polvo te has librado de tus obligaciones?

(El Duque acerca la mesa con ruedas a Donata.)

DUQUE

La señora está servida.

Donata toma asiento frente a la mesita.

DONATA
   ¿Dónde está mi labor?

El Duque gira sobre sí mismo, confundido.

DUQUE
   Donde siempre. Junto a tu mecedora.
DONATA
   Deja de tutearme.
DUQUE
   Sí, señora.
DONATA
   Encuentra mi labor y tráemela.

Donata toma la labor que, en efecto, está al lado de la mecedora.

DUQUE
   Me siento mal.
DONATA
   ¿No pretenderás que yo te atienda?
   (Donata levanta el pequeño telar frente a sus ojos. El Duque lo busca en cuatro patas.)
   Quién te manda emborracharte y fornicar.
   Ahora no sirves para nada. Obedece.

El Duque hincado junto a Donata sentada. Donata pasa la labor frente a los ojos del Duque. Éste no ve nada.
Cólera, triunfo, desolación de Donata al darse cuenta de la ceguera del Duque.

DUQUE

No la encuentro, señora… perdóneme…
no la encuentro.

Se incorpora. Donata le sigue mostrando el telar.

DONATA

No quieres que termine, ¿verdad? Lo que
quieres es que mi marido regrese y pre-
gunte por mi labor y yo le diga que no la
he terminado. ¿Cómo? ¿Siete días de
ocio y yo no he podido tejer lo que me
encargó?
(Pausa.)
Los dos contra mí, ¿eh?

DUQUE, *temblando*

Me siento débil, señora.

DONATA

Basta de pretextos.

DUQUE

Le aseguro que no veo nada.

*Mueca de Donata. Le tiende el bastón blanco al
Duque.*

DONATA

Guíate con mi bastón.

DUQUE

Me bastan las manos. El espacio es muy
reducido.

DONATA

Y no te pertenece.

DUQUE

¿Qué quiere usted decir?

DONATA

Que andas buscando una justificación para quedarte aquí conmigo. Ya encontraste un rincón seguro donde explotar y compadecer a una mujer que envejece.
(*Pausa.*)
¿Mi marido te trajo para que me cuidaras? ¿Tú viniste para hacerte cargo de mí?
(*Donata se incorpora violentamente, arrojando al piso la mesa de té con la cabeza del lobo. Grita:*)
¡Ciego cabrón!

Larga pausa. Donata y el Duque empiezan a rondarse a ciegas, cada uno con su bastón blanco, Donata buscando al hombre, éste evitándola, cada uno guiándose por la voz del otro.

DUQUE

¿Sabe a dónde quiero ir ahora?

DONATA

No, pero tú tampoco. Aún no lo sueñas.

Donata se va acercando, husmeando, al Duque.

DUQUE

¿Cree qué podría acompañarme?

DONATA, *irónica*

Ja. Eso está por verse. Dentro de mi casa yo te doy órdenes. Pero apenas salgamos de aquí, ¿quién me asegura que los papeles no se invertirán?

Duque

¿La señora ha pensado en la posibilidad de acompañarme sin salir de la casa?

Donata alarga la mano y toma el brazo del Duque. En el parlamento que sigue, ambos actúan la acción descrita por Donata. Ligeros y distantes rumores de tránsito.

Donata

No, porque tengo otro proyecto. ¿Sabes qué haré contigo? Te llevaré de la mano a la calle. Seré tu lazarillo. Te ayudaré a cruzar. Te guiaré entre las multitudes. Evitaré que choques contra los postes… las vitrinas… los salientes de las ventanas. Por aquí, Duque… con cuidado… no, allí termina la acera… dame tu bastón, Duque, no lo necesitas, me tienes a mí para guiarte… me tienes a mí para contarte tus leyendas… yo soy tu espectador único y dócil… yo soy el testigo de tu eterna impostura… yo tengo fe en ti… yo me trago todas tus mentiras por partida triple… yo creeré en la economía de la gracia… yo aceptaré tu naturaleza consubstancial… la locura senil de tu padre… la degradación de tus hijos… me tienes a mí, me tienes a mí…
(Donata se aleja, riendo, del Duque, que gira espantado sobre sí mismo. Crecen los ruidos de tráfico.)
Escucharás mi voz cada vez más pequeña y alejada… extenderás tus brazos… pero

yo ya no estaré allí... estaré mirándote desde la acera, doblada de la risa, viéndote como lo que eres: un vagabundo con delirio de grandeza... te habré abandonado a la mitad de la avenida, en medio del tráfico de las seis de la tarde... girarás como una marioneta, pobre Duque... pedirás a gritos que regrese... admitirás que sin mí no eres nadie... darás vueltas sobre las plantas de tus pies sin atreverte a dar un paso... tu error amplificará los ruidos de motores y cláxones y escapes... implorarás mi presencia y mi auxilio... sin mí no puedes valerte en el mundo... existes porque yo te nombro, yo te conduzco, yo te abandono, yo te vuelvo a reconocer, yo te necesito y te dejo de necesitar, te venero y me burlo de ti, obtengo tu absolución y repito mis pecados, invoco tu poder y me cago en tu sombra, te mato y te resucito... eres la criatura de mi capricho... crees que me cuidas... necio... has venido al mundo para que yo te cuide... yo te aviso si puedes pasar, si la luz es roja o verde, si no hay automóviles veloces...

(Pausa. Clamor del tráfico. Ruedas rechinantes, etc.)

Ahora te dejaré allí, solo... ya no me preocuparé por ti... esperaré en la seguridad de mi islote... el autobús se te vendrá encima... sin verte... y caerás... las ruedas pasarán sobre tu cuerpo roto... serás un muñeco sin vida... porque yo te abandoné a tu suerte…

(Pausa. Grito del Duque. Voces de la multitud, ambulancia y demás ruidos indicados por Donata.)

Espera. Se acercan a ver tu cadáver. El agente de tránsito los aparta a gritos. Llaman una ambulancia. Alguna señora se desmaya al ver tu sangre. Todo es inútil. Has muerto. Y la gente forma un círculo alrededor de ti. La gente se pregunta. ¿Quién es? ¿Quién será? ¿Lo hemos visto antes? ¿Lo conocemos? Pobre criatura. Mira: la sangre le sigue corriendo por los labios. Mira: murió con los ojos abiertos. Pobre ser. Morir así, atropellado, como un perro. Todos se fijan en ti, Duque. Todos, por un instante, se olvidan de sus pequeños problemas, de su prisa, de su irritación, para concentrarse en tu muerte. Y poco a poco se dispersan. Reanudan sus ocupaciones. Regresan a sus hogares. Y les dicen a sus amigos… a sus amantes… a sus hijos… "Fui testigo de un accidente"… "Vi morir a un hombre"… O mejor, "Un hombre fue matado en plena calle"… Y tú empiezas a vivir sólo en el recuerdo de un crimen. El crimen revelará tu existencia.

(El Duque se levanta. Música: Aleluya del "Mesías", de Händel.)

Te convertirás en la obsesión de los que te vieron agonizar. Y de tanto recordar tu muerte, llegarán a creer que sigues vivo… que un día… o una noche… al cruzar la calle… al abrir la puerta… tus ojos blancos… las escamas de tu mirada… los soles cautivos de tu ceguera… tu perfil de lava, de buitre, de lodo, de serpiente… reaparecerán… como una mancha de luz… una mancha de luz… que al iluminarnos… revelará nuestra oscuridad.

(Cesa la música. Donata deja caer la piedra ágata.)

Mi esperanza es que una vez que te nombre en público me olvide de ti y regrese a mi casa a vivir tranquila.

DUQUE

¿Tranquila? ¿Quién le servirá el té, mi señora? ¿Quién conversará con usted? Usted podrá olvidar a un criado que fue su amante, pero necesitará a uno que la sirva…

DONATA

Pondré un anuncio en el periódico. No faltará quien necesite trabajo.

El Duque toma las tijeras. Se acerca a Donata.

DUQUE

¿Y sabe quién regresará a ofrecer sus servicios? Yo, señora. Yo, de nuevo yo, disfrazado con otro traje, con otra voz, con otro rostro, el mismo criado de siempre, el eterno lacayo. Y todo se repetirá exactamente igual, yo me iré, yo regresaré y volveré a irme mientras la señora me envía mensajes de polvo y papel pidiendo que regrese, que regrese a conversar, a hacer el té, a emborracharme con la señora y a cogerme a la señora…

(Abraza a Donata.)

Con cada palabra, la señora me convocará.

DONATA

Son mis palabras y tú no las escuchas.

DUQUE

Todas sus palabras existían antes de que usted las pensara o las pronunciara. Las palabras pasan a través de usted y mientras yo esté a su lado pasarán también a través de mí, antes o después de que usted las piense o la pronuncie. Da igual.

(Pausa.)

Yo tampoco soy dueño de ellas.

(Pausa.)

Yo tampoco soy anterior a ellas.

(Pausa. El Duque levanta las tijeras.)

Ausente, la señora me sentirá como algo que ya no podrá nombrar, algo ajeno, algo que desconoce y que por eso necesita… Ausente, yo seré el presentimiento y la duda de la señora… Presente, seré…

DONATA

Un ausente. Y yo soy una mujer fascinada por el vacío. Ya lo dijiste.

El Duque apoya las tijeras contra el cuello de Donata.

Donata aprieta el puño en torno a las tijeras.

DONATA

No seas pendejo. Si me matas, morirás conmigo. Morirás para mí. Serás destruido por la desaparición de quien es olida y tocada y escuchada por ti. Esto es cierto, aunque vivas cien años después de mi muerte.

Le arranca las tijeras y las arroja lejos, riendo. Movimiento del Duque.

DONATA

No me toques. Tus sueños te engañaron. No hemos llegado al lugar de los huesos de tu padre, sino al lugar de mi juventud. Lo sé. Lo huelo. Es el mismo jardín. Soñaste en mi nombre. Pobrecito. Abre las ventanas.

DUQUE

No. Pueden descubrirnos.

DONATA

Debemos salir al jardín. Hoy debemos hacer todo lo que parecía imposible. Tengo que demostrarte que el peral está floreciendo.

DUQUE

Es sólo un árbol negro y retorcido. Una figura de tinta congelada.

DONATA

Cuenta bien los días. Observa el movimiento de los astros. Hagamos lo prohibido.

DUQUE

Te digo que el invierno no ha terminado.

Debemos escondernos en la cama. Debemos protegernos del frío.

El Duque conduce a Donata hacia la cama. Música de vals. El paso majestuoso de ambos, hasta llegar al pie de la cama. Allí se separan, cada uno prosigue a uno de los costados del lecho.

DONATA
Serán las cinco de la tarde. ¿No han traído la carta?
DUQUE
Sí, señora.

Donata se toca el vientre.

DONATA
¿Por qué la abriste sin mi permiso?

Extiende las manos a la altura del vientre.

DUQUE
Sólo contenía un poco de polvo.

Donata toca la cama.

DUQUE
La señora ya nunca estará sola.
(Donata alarga las manos.)
No toque el polvo, señora. Basta respirar para que esta fragilidad total regrese al aire y a la tierra de donde llegó. ¡No toque el polvo!

Las manos de Donata caen como las garras de un ave de presa sobre la cama. El Duque se lleva las manos a los ojos. Donata el polvo a la boca. El grito de dolor del Duque es sofocado por el latir sonoro de un corazón. Donata permanece con el polvo entre las manos abiertas. El Duque sofoca su grito, se toma un brazo con la mano, avanza derrumbando las pilas de diarios y revistas, guiándose a bastonazos por la sala, hasta llegar a las ventanas del proscenio. Desciende a la platea y sale por la izquierda. Al abrir las ventanas, estruendoso ruido de la calle: cláxones, motores, pitazos. Donata avanza a ciegas con el polvo entre las manos.

DONATA

Duque... Duque, ¿dónde estás? Conozco bien tus artimañas... Quieres asustarme. Quieres hacerme creer que te has ido. Olvidas que mi oído es tan fino como el tuyo. ¿No escuchas el paso de un sobre debajo de la puerta? No pierdas el tiempo engañándome, compañero. Sé que estás allí. Escucho tu respiración. Huelo tu aliento. Sé que me vigilas... Duque, voy a abrir el sobre. Voy a conocer tu secreto.
(Llega al proscenio. Desciende a la platea y avanza a lo largo del pasillo, hasta la salida del teatro. Viento huracanado. Batientes azotados.)
¿No hueles la primavera, Duque? Ven... No te vayas... Nada está completo... Te

cuidaré, Duque… ¿Me has entendido?… Tenemos que seguir juntos… Yo me haré cargo de ti, te guiaré, seré tu lazarillo… Tenemos que seguir adelante… No me abandones… ¡No me abandones! ¡Estamos tan solos!

(Sale.)

Pausa. Aullido de lobos. Cascabeleo de serpientes. Los ruidos se apagan.
Por la entrada derecha, hasta ahora no utilizada, del escenario, aparece nuevamente el Duque. Con barba, rubio, con un parche negro sobre el ojo izquierdo. Sombrero de copa. Levita negra, pantalones crema, botines de charol. Trae una maleta antigua, bordada, en la mano. Su actitud es pausada. Deja la maleta, se quita los guantes.

DUQUE

Querida. Queridita. ¡Hola! Ya regresé. Buenas noticias. Gané en la ruleta. ¿Me oyes? Gané jugando al negro. Te compré un collar de concha nácar en Las Vegas. ¿Me oyes? Gané. Podremos pagar las deudas y hasta construir una alberca en el jardín.

(El Duque se detiene.)

¿Dónde estás, mi vida? Es domingo. ¿No te advertí que regresaría el domingo? Donata… Contesta. ¿Terminaste el trabajo que te encargué?

(El Duque camina por el salón, gruñendo, pateando los restos de comida, los periódicos, hasta

llegar a la cómoda con los cajones abiertos.)
Donata. Contesta. He regresado. Es domingo. Yo también tengo derecho al descanso. ¡Donata! ¿Dónde está tu hermano?
(Pausa.)
¡Mi pan y mi vino!
(El Duque mira hacia el fondo de la escena y lanza una exclamación incrédula.)
¡Mis periódicos! ¡El desorden! ¿Cómo me voy a enterar?...
(Recoge una botella. La arroja.)
¡Duque! ¿No te prohibí que le dieras de beber? ¿Qué has hecho de tu hermana? Te voy a regresar al arroyo de donde te saqué. ¡No se escondan! Siempre juntos, ¿verdad? Sangre de vagabundos... sangre de criados... en mala hora los traje a mi casa...
(Estallido total de cólera. Busca por los rincones, abre el armario, voltea taburetes.)
Dejen que los encuentre... los expulsaré... a los dos... ya no podrán regresar a darse la buena vida a mis costillas... lárguense juntos, a ver quién los mantiene... juraron comportarse como angelitos... cámara... raza de demonios... no ganarán nada con esconderse... yo conozco sus guaridas, serpientes... yo sí puedo ver, ciegos... el criminal siempre regresa al lugar de sus fechorías... no me moveré de aquí... ésa será mi manera de perseguirlos... me meteré en la casa y allí los esperaré.
(Llega al lado de la cama.)
¡Por Dios! ¡Donata! ¡Duque! ¡Qué significa

esta cama… Dios mío… nuestro lecho…
nuestro lecho… en nuestro lecho!

Cae hincado junto a la cama. Un súbito estruendo de metal le obliga a levantar la cabeza. Desde el fondo del teatro, de los lados, desde el armario y por la puerta se dirigen hacia el Duque cinco jóvenes, armados con ametralladoras, uniformes de campaña, camuflados, semejantes a pieles de serpientes. El comandante de la banda, además, va envuelto en una piel de lobo. Rodean al Duque.

MUCHACHO 1
    ¿Qué haces aquí?
DUQUE
    No, no… no es mi casa… no es mía…
MUCHACHO 1
    Pruébalo.

Confusión del Duque. El Comandante hace un gesto a los demás, que preparan las ametralladoras. El Duque alarga las manos, implorando.

DUQUE
    ¿Cómo…? Es mi casa… La casa es mía…
MUCHACHO 1
    ¿Qué haces en una casa ajena?

El Duque cae de rodillas, implorando.

DUQUE
    No… por favor… mis criados pueden

explicarlo todo… ¡Donata! ¡Duque! ¡Hijos míos! ¡Regresen! ¡Por favor!

El Muchacho 1 repite el gesto de orden. Los cuatro jóvenes disparan contra el Duque hincado. Se derrumba muerto. El Muchacho 1 se echa la ametralladora al hombro, camina hasta el proscenio, toma el telón y lo corre lentamente, mirando directamente al público. Oscuridad total del escenario, salvo la luz cegante sobre el rostro del Muchacho 1, que le obliga a guiñar los ojos, al llevarse una mano a la cara, hasta cerrar totalmente el telón. Desaparece. Música.

Este libro se terminó de imprimir en el mes de
Mayo del 2012, en Impresos Vacha, S.A. de C.V.
Juan Hernández y Dávalos Núm. 47, Col. Algarín,
México, D.F., CP 06880, Del. Cuauhtémoc.